OPUSCULES

CONTRE

LES EXCÈS

DE

LA RÉVOLUTION

DE FRANCE,

Depuis son origine jusqu'au 9 thermidor, époque de notre affranchissement.

> Non volumus vos ignorare, fratres, de tribulatione nostrâ quæ facta est in GALLIA, quoniam suprà modum gravati sumus, suprà virtutem, ut tæderet nos etiam vivere.
>
> *Epist. post. ad Cor. C. 1, vers. 8.*

TRADUCTION DE L'ÉPIGRAPHE.

Nous ne voulons pas vous laisser ignorer, nos chers frères, ce que nous avons eu à souffrir en FRANCE. Les maux, dont nous nous sommes trouvés accablés, ayant été excessifs, et tellement au-dessus de nos forces, que la vie nous était devenue odieuse.

Epit. II, aux Corinth. ch. I, vers. 8.

AVANT-PROPOS.

ÉTRANGER à toute espèce d'affaires publiques, me tenant éloigné de tous les partis, je me suis bien gardé de prendre un rôle dans le drame bizare de la plus indéfinissable des révolutions. Livré par goût au seul culte des Muses, j'ai cédé tantôt à l'INDIGNATION, tantôt à l'IRONIE, d'après les HORREURS ou les SOTTISES que, trop long-tems, nous avons tous vues, et qu'heureusement nous ne reverrons plus.

OPUSCULES
CONTRE
LES EXCÈS
DE
LA RÉVOLUTION
DE FRANCE.

Depuis son origine jusqu'au 9 thermidor, époque de notre affranchissement.

O siècle de calamités !
Je plains l'enfant que je vois naître.
Parens, de moi tant regrettés,
A tems, vous avez cessé d'être.

Maudite RÉVOLUTION !
Ah ! que n'est-elle encore à faire !
Le cri : « VIVE LA NATION ! »
Hélas ! est un cri sanguinaire.

La bonne CONSTITUTION;
Race animale, c'est la vôtre;
A semblable perfection
Jamais n'arrivera la nôtre.

Trouble, bruit, fureur, faction,
Poursuite, entrave sur entrave;
Universelle oppression;
L'esprit, comme le corps, esclave.

Et dans cette subversion,
Au moindre ombrage, à bas les têtes.
Tels hommes, pour conclusion,
Je crois, sont au-dessous des bêtes.

II.

Quelle est ma liberté? de plier sous les lois
De fantasques tyrans pires que tous les rois.
La prison, l'échafaud, voilà l'horrible image
Que de jour, que de nuit, chaque heure vient m'offrir.
Le mourant que l'on plaint, a le meilleur partage,
Il voit sa fin prochaine, il a moins à souffrir.

III.

N'en déplaise au récit du fabuleux poëte, (1)
L'âge d'*Or* est un conte à plaisir inventé ;
Mais, au prix excessif de tout ce qui s'achette,
Oh ! que l'âge de *Fer* est bien la vérité !

IV.

Le Peintre-Député.

Quelle mâchoire ! A ce point est-on plat ?
    Ah ! combien nous sommes à plaindre !
David aussi, *David* régler l'État !
    C'est pour nous achever de peindre.

V.

Si d'équitables lois desirer l'existence ;
Dans tous ces harangueurs, à bavarde éloquence,
    Plus d'accord, plus de dignité,
    Et sur-tout plus de probité ;
Si m'indigner d'une horrible licence,
    Qu'on nous donne pour liberté ;

---

(1) Ovide.

Si plaindre l'ardeur frénétique
Qui fait, pour un *club* empesté,
A l'ouvrier, par lui gâté,
Abandonner son utile boutique;
Du mot, très-mal interprété,
De ce grand mot *égalité*,
(Laquelle seulement en droit, se peut prescrire ;)
Si me permettre un peu de rire ;
Si m'affliger de voir que la *fraternité*
N'empêche pas que l'on ne se déchire,
Que l'on ne se soupçonne et s'incarcère à tort;
Si blâmer ce mélange et de fête et de mort;
Si du peuple, poussé par la main qui le flatte,
Ne point avoir enfin le stupide engoûment,
C'est me montrer *Aristocrate*,
Je le suis, je veux l'être, et le suis fortement.

V I.

De la liberté tant promise
Ne jouirons-nous donc jamais?
Chaque heure est une heure de crise,
Le scélérat seul vit en paix.
C'est du sang, du sang qu'on demande,
La main le fait couler, ou la voix le commande.
Sous l'arbitraire joug d'un odieux pouvoir;
O France languissante ! O France horrible à voir !

Les larmes et le deuil ont remplacé ta joie.
Qui te ronge le sein? un ramas d'intrigans;
Et la *patrie* encore est leur mot.... les brigands!
Extermine, grand Dieu, ces animaux de proie!

VII.

A un Jacobin.

Effacez-moi de votre liste;
Votre accusation n'a pas le sens commun:
Je suis loin d'être *royaliste*:
J'aime si peu les *rois*, que je n'en voudrais qu'un.

VIII.

De votre liberté bien triste est la conquête;
Vous avez le *bonnet*, quand aurez-vous la *tête*?

IX.

On me dit libre, eh bien! délicat et sensible,
Je ne veux recevoir de loi que de mon cœur.
Tutoyer une femme est pour moi l'impossible,
Ce serait me donner un faux air de bonheur;
Même avec un ami très-rarement je l'ose :
Toi ne sied bien qu'en vers, et *vous* est pour la prose.

X.

Douce et sainte *Fraternité*,
Tu me ravis, tu me transportes ;
Mais, étrange fatalité !
Je ne te vois que sur les portes.

XI.

Honneur, honneur à notre Nation !
Vive sa Révolution !
Elle coûte un peu cher ; mais qu'il est agréable
D'entendre, à chaque instant du jour,
L'harmonieux son d'un tambour ;
D'apprendre une victoire et grande et mémorable,
Publiée à Paris, démentie en tous lieux !
Vivent les mille-et-un petits pouvoirs suprêmes,
Vivent ces citoyens chantant à qui mieux mieux,
En dépit des malheurs qu'ils se forgent eux-mêmes !
Des *sans-culottes* souverains
Vive le doux et bel empire !
Par leurs têtes tout passe et souvent par leurs mains,
Par leurs piques aussi, quand on veut contredire.
Dans la rue écoutez-les lire :
Comme eux, il n'est point de lecteurs.
Dans une section parlent-ils ? on admire !

Cicéron, Démosthène étaient moins orateurs.
Vive la liberté! c'est le cri de ces frères,
Tous bien salariés, bien crasseux, bien contens,
Despotes assidus de nos représentans,
Et si libres... qu'en rien ils ne se gênent guères.

XII.

Législateurs sans lois, Commis à tant par tête,
Qui de la France entière avez fait la conquête;
Hardis Réformateurs, qu'avez-vous réformé?
Les abus, les excès sont rendus légitimes;
Vol, incendie et mort; tout cède au peuple armé:
Nul siècle n'enfanta plus de maux, plus de crimes.

XIII.

Un *sans-culotte* insultait un passant:
Tais-toi, lui criait-il; tais-toi, vilain puant,
  Avec ta face de carotte;
Tais-toi, mouchard, *couyon* (1), vieux b..gre, maquereau;
  Tout ce qu'enfin imagine la crotte.
Lors *Damis*, écoutant, comme moi, le pourceau,
  Du *souverain*, eh bien! ce sans-culotte
Est *une portion*: — Ah! lui dis-je, *un lambeau*.

---

(1) Pour *Coyon*.

XIV.

Ces Français, qu'ils sont fous avec leur *République* !
D'enseignes, d'écriteaux, ils se mettent en frais ;
Tout est *républicain*, spectacles, cabarets,
  Café borgne, mince boutique,
  Échope, bureau d'écrivain.
 Chaque soldat a sa *républicaine*,
  Et bientôt, la chose est certaine,
Bientôt le *mauvais lieu* sera *républicain*.

XV.

Jadis j'allais par-tout, sans qu'à moi l'on prît garde ;
  Maintenant, quelle liberté !
  Par une impérieuse garde,
 A chaque pas, je me vois arrêté.
Bien pis, on a rendu toute classe indigente,
  Partant, plus de société,
Séparément chacun comme il peut s'alimente,
  Et les festins sont... pour le Député.

XVI.

Hommes vivent entre eux, comme loups dans les bois :
Par-tout, plus que jamais, scélératesse abonde.
Un peu d'humeur devrait se permettre, je crois....
Non ; il faut être encor satisfait d'un tel monde.

XVII.

Pour le Portrait de MARAT.

Empirique en morale ainsi qu'en médecine,
Il écrivit en fou des *petites maisons* ;
Il enseigna le meurtre, il en fit sa doctrine,
Et, pour purger les corps, il vendit des poisons.

XVIII.

ÉGALITÉ, belle chimère,
Regneras-tu ? j'en désespère,
Tant que subsistera l'empire injurieux,
Qu'en son stupide orgueil, s'arroge la *Richesse* ;
Vices pour vices, moi, j'aimais encore mieux,
Dieu me pardonne, la *Noblesse*.

XIX.

Je ris du mot de SOUVERAIN,
Je dis, conte de *Barbe-bleue*,
Lorsque, pour un morceau de pain,
Ce souverain *marche à la queue*.

XX.

Gourmands, chérissez bien la Révolution
Qui vous met à l'abri de l'indigestion.

XXI.

Ces jours derniers, fort tard, le bon monsieur *Isoire*,
A force de bâiller, se démit la mâchoire;
On mande un Esculape, il accourt promptement,
Et, tout en remettant la mâchoire ébranlée,
Où vous a pris, dit-il, ce cruel bâillement?
— Hélas! mon cher monsieur, c'était à *l'Assemblée*.

XXII.

On agit de nos jours aussi bien qu'on raisonne :
Plus de *Bastille*.... mais par-tout on emprisonne.

XXIII

Plus ne s'agit dans le monde à présent
D'ami loyal, de belle au teint de rose;
De doux banquet, de concert séduisant;
De vers jolis, ou de galante prose.
Gueux de marchands, dit on, par tout! — eh bien?
— L'assignat baisse, et l'argent toujours monte.
— Du pain? — pas plus... ou tel autre entretien
Si sec, si froid et si plat, qu'en ai honte.

Or, d'après ce, plus ne vais nulle part,
Trop ennuyé de misères pareilles.
Mais las! ai beau me tenir à l'écart,
Tambour, encor, m'étourdit les oreilles.

XXIV

Quelle dérision ! lorsque dans l'indigence,
Par eux, chacun de nous se voit précipité,
N'osent-ils pas encor, tout en faisant bombance,
Nous décréter un *hymne* à la FRUGALITÉ !

XXV

Incertitude de la vie la plus irréprochable.

Solitaire citoyen,
A l'étude je m'adonne ;
Mon seul véritable bien
Est une santé fort bonne.
A peine ai-je le moyen
De vivre, et pourtant je donne,
Sans jamais refuser rien,
Sans contredire personne.
Du peu que j'ai satisfait,
Accaparer n'est mon fait ;
Sans intrigue, sans envie
Je suis mon petit chemin ;

Et cette innocente vie
N'assure pas mon destin,
Elle peut, ou ce matin,
Où ce soir, m'être ravie.

XXVI.

A un enragé Démocrate.

Certes, fort joliment à ton aise tu causes ;
Je t'écoute, tu dis : « Le franc républicain
Doit avoir seulement du *fer*, de *l'eau*, du *pain* : »
Mais que ne coûte pas une de ces trois choses ?

XXVII.

Monstruosité d'un *Égorgeur* du 2 *septembre*.

Quand il cesse d'être homme, ah ! que l'homme est affreux !
De tous les animaux il est le plus hideux.
Dans une des prisons, un bourreau de *septembre*,
Œil en feu, sabre au poing, courant de chambre en chambre,
Massacrait, puis de sang montrant un seau tout plein,
    Avec un rire épouvantable
    Il dit : (ô parole exécrable !)
  « Voilà de quoi faire de bon *boudin*....»
A regret, d'un tel mot je salis cette page.
Puisse aux démons vengeurs sans cesse être livré
    Le monstre qui l'a proféré,
Et rencontrer par-tout sa dégoutante image !

XXVIII.

LE DINER DE DEUX SANS-CULOTTES.

Avec lui-même un honnête homme compte,
Lorsque de dépenser un fripon n'a pas honte.

Chez le restaurateur où très-frugalement
Je vais, par fois, manger.... pour vivre seulement;
 Un jour, deux de ces *sans-culottes*
Qui vivent.... pour manger, de ces faux patriotes,
Commencent par la soupe, avalent des œufs frais,
 Jusqu'aux os rongent cotelettes,
 Puis dans la sauce aux ciboulettes
Trempent leur pain, pour ne rien perdre; après,
Voici de l'aloyau, voici de la salade,
 Et de l'anguille et du dindon
 En leur piquante rémolade,
Et le bourgogne, ou vin présenté sous ce nom.
 A ta santé, mon brave camarade :
  — A la tienne. — " Vive le son,
   " Du canon...! "
 Tu ne bois guère, es-tu malade ?
— Non sacrebleu ! — Moi, je me trouve en goût,
La *pancarte*.... (1) voyons, je veux manger de tout;

---

(1) Pour *la Carte*.

Il lit, pour mieux dire, il épelle :
Con...som...mé ; consommé ! là-dessus, il appelle :
Citoyenne ! — On y va.... Que faut-il, citoyens ?
— Du consommé. — C'est du potage,
Et vous en avez eu. — Tiens, tiens !
Est-ce que j'entends ce langage ?
En ce cas, donne-nous, mon cœur,
Deux bouteilles de bon champagne.
Nos Goujats échauffés battaient fort la campagne,
Le café pris, ainsi que la liqueur,
On paie, on se lève, on chancelle,
On sort en se serrant la main ;
Adieu, dit-on : « où tu sais, à demain. »
Et par un tel adieu le secret se révèle.

XXIX.

FRANCE, aujourd'hui si plate,
Tu traînes des canons,
Tu traînes des caissons....
Tu traînes la savate.

XXX.

LES CENDRES EN RÉQUISITION.

Ce qu'ils savent le mieux, je vous le dis, c'est prendre ;
Ils prennent, prennent tout, tout, jusques à la cendre.

Je me passe de *bois*, point de *cendre*, en ce cas :
Leur demander UN BON !... plutôt cent fois la peste.
De ma propre chaleur, le froid, je le combats,
Et d'ailleurs, les coquins ils m'échauffent de reste.

XXXI.

PROPRIÉTÉS NATIONALES.

Ils sont le prix du *sang*, ces biens nationaux ;
En *rouge* sont aussi tracés *leurs écriteaux*.

XXXII.

Il n'est plus d'espoir de secours,
Ils ont résolu notre perte,
La *guillotine* est de nos jours
La seule *boucherie* ouverte.

XXXIII.

Dans tout ce que produit leur démon destructif
Nulle stabilité, nul plan, chute sur chute....
Que fait ce grand *pouvoir* qu'on nomme *exécutif*?
De superbes festins, et rien ne s'exécute.
Despotes insolens, cent fois plus fastueux
Que ne furent nos rois, du moins rois légitimes !
D'un peuple dépouillé souverains frauduleux,
Le tardif châtiment vous suit d'un pied boiteux ;
Traîtres, il ne vous laisse accumuler vos crimes,
Qu'afin de vous porter un coup plus rigoureux.

XXXIV.

J'ai beaucoup de respect pour le mot : *citoyenne* ;
    Mais il faut que l'on en convienne,
Un peu légèrement ce mot fut adopté.
Doit-on admettre un mot où la clarté ne brille ?
Je trouve en *citoyenne* un défaut de clarté.
Ce mot ne me dit pas si l'on est *femme* ou *fille*.

XXXV.

De mes prétendus fers je m'accomodais bien :
Esclave, j'avais tout, et libre, je n'ai rien.

XXXVI.

Que peut-on acheter, quand si cher on veut vendre ?
Vieux souliers, méchans bas, vêtement retourné,
Enfin tout ce qu'au pauvre on avait destiné,
Pauvre soi-même, on est forcé de le reprendre.
Au lieu de l'étayer, toi qui mines l'état,
    Insouciant et factieux Sénat,
Moins libre que jamais, la France est ta sujette.
Que devient *ton papier* ? un chiffon qu'on rejette.
Quand lui rendras-tu donc sa précise valeur ?
Par-tout est le cahos, l'audace, elle est extrême.
    Souffrirais-tu l'infâme agioteur,
        Si tu ne l'étais pas toi-même ?

XXXVII.

Sur la LIVRE *de pain, réduite après au* QUARTERON.

L'homme se fait prier, à l'égal de Dieu même.
Nous allons humblement lui dire tour-à-tour,
Hâves, exténués par une faim extrême :
« Donnez-nous aujourd'hui le pain de chaque jour. » (1)

XXXVIII.

A l'occasion des couplets, intitulés LE RÉVEIL DU PEUPLE,
demandés à tous les théâtres.

Le réveil du peuple ! On s'obstine
A crier au spectacle ainsi.
— Paix donc ! eh ! laissez-le endormi,
S'élève une voix : qui dort dîne.

XXXIX.

Tous nos assignats, sans valeur,
Bientôt seront moins qu'allumettes ;
Aussi voit-on maint débiteur
S'empresser de payer ses dettes.

---

(1) Oraison dominicale.

X L.

Sur une estampe représentant la FRATERNITÉ.

Elle a de gros tétons, cette FRATERNITÉ;
Par elle on n'en est pas, pourtant, mieux alaité.

X L I.

Sur les repas civiques faits dans les rues.

Qu'avez-vous? - pas grand chose; et vous? - moi, je n'ai rien.
—— Allons, asseyons-nous, et régalons-nous bien.

X L I I.

A mes petits Pensionnaires.

O gentille espèce emplumée,
Qui venez sur mon toit réclamer de ma main
    Votre pitance accoutumée,
Que vos cris répétés me causent de chagrin!
Du bec je vous entends frapper à ma fenêtre,
Hélas! mes chers moineaux, vous y frappez envain.
Je me dérobe à vous, je n'ose plus paraître,
Fuyez! on a de moi fait un *républicain*,
    Et ma nouvelle façon d'être
M'ôte la faculté de vous donner du pain.

XLIII.

A cette cathédrale où court un peuple immense,
    Quelle *fête* y célèbre-t-on ?
    — C'est la FÊTE DE LA RAISON.
    — Elle est donc de retour en France !
O suprême bonheur ! enfin plus de licence ;
Avec la liberté nous aurons à la fois
    Tous les trésors de l'abondance,
Les douceurs de la paix, et le regne des lois.

XLIV.

    Passe-t-il un sac de farine,
Du peu de voix qui reste on crie, on crie, *haro* !
Chacun de nous se voit réduit par la famine
    Au régime de *Cornaro*. (1)

---

2) Dans son traité de la *Sobriété*, Louis Cornaro, noble vénitien, se vante d'avoir ménagé sa santé et prolongé ses jours jusqu'à l'extrême vieillesse par une exacte et continuelle diète. Il s'était, dit-il, restreint, pour sa nourriture journalière, à 12 onces de pain et autres alimens y compris un œuf; et pour son boire, à 14 onces. — Il s'en faut que notre régime involontaire soit d'aussi bonne composition que le fut le sien; et la preuve qu'il nous est nuisible, c'est qu'il nous change à vue d'œil.

X L V.

Payer cinquante francs une livre de pain,
Ou bien d'un quarteron, que l'on desire envain,
Attendre tout un jour la modique assistance,
D'un peuple agonisant c'est l'horrible existence,
Et la prison encor, s'il vient à murmurer :
Quel sort ! à chaque instant mourir, sans expirer !

X L V.

LA RÉVOLTE DES ANIMAUX.

Apologue.

Souévrain pacifique en ses vastes états,
Un lion exerçait doucement son empire ;
Trop bon se montrait-il, trop faible, pour mieux dire.
Régler tout par lui-même il ne le pouvait pas.
Renards, fins courtisans, devinrent ses ministres ;
  Plus que le monarque, ils régnaient :
  Fertiles en projets sinistres,
 Ces beaux Messieurs pillaient, pillaient,
Comme ministres font ; s'ensuit désordre énorme,
 Révolte enfin : il faut absolument
  Il faut, dit-on, une réforme,
  Et changer de gouvernement.

Jusqu'aux ânes, tous se liguèrent :
Allons, qu'il ne soit plus de sujets ni de rois !
Soyons libres, égaux, et refaisons nos lois.
Ces cris séditieux par-tout se répétèrent ;
  Voilà mon lion détrôné,
   Puis enchaîné,
Puis mis à mort....Tigres lui succédèrent,
Et tour-à-tour en Tigres commandèrent :
 Maux sur maux, forfaits sur forfaits
Furent du changement les terribles effets.

XLVII.

DISTIQUE LATIN

Mis au bas d'une estampe représentant le tombeau de LOUIS XVI, *dont le Portrait se trouve tracé de profil, par* l'OMBRE *que réfléchit une urne cinéraire. Au pied de ce tombeau est la* FRANCE *accablée de douleur.*

Non fugitiva hæc, non transit; stat nobilis umbra ;
 Æterno et planctu Gallia strata gemit.

XLVIII.

Fiers d'avoir envahi l'autorité suprême,
Comment l'exercent-ils ? N'espérons aucun bien :
Age, sexe, talens, trône, autels et ... Dieu même,
Dans leur barbare audace, ils n'ont respecté rien.

B

XLIX.

O jugement impolitique !
Quoi ! d'*Orléans* décapité !
De mon bel écriteau civique
Je vais rayer *Égalité*. (1)

L.

Les fleurs de *Lys* sont par-tout condamnées ;
Des plaques de vos cheminées
Il faut les ôter promptement,
Sans quoi la Nation prendra le bâtiment :
— Mais *fleur de lys* appartient à la *France*,
Et ne devrait.... — Soumettez-vous, silence !
Adieu Justice, adieu Raison ;
Le mauvais tems était le bon ;
Nulle fleur à présent, la *Rose* est éclipsée ;
L'*épine* est ce qui reste au Français asservi,
Il n'a plus même la *pensée ;*
Il n'aura plus que le *souci*.

---

(1) *Surnom* qu'il avait eu la bassesse de prendre.

L I.

A LA PLUPART des SANS-CULOTTES.

Vous, qui haïssez tant les fleurs de lys, mes drôles,
Faites donc retourner le cuir de vos épaules.

L I I.

Des cieux et de la terre indétrônable roi,
Nous as-tu retiré ta faveur paternelle?
L'homme n'aura-t-il plus que la rage pour loi?
Doit-il ne plus mourir de la mort naturelle?

L I I I.

Deux ans avant la *Révolution*,
   Un beau matin, tout-à-coup survenue,
Aux théâtres, par-tout, il n'était question
   Que de *Henri*; saluer sa statue
Etait même, on le sait, une obligation;
Or, voyant des *Français* cette idôle abattue,
Un passant, pris de vin, s'écria stupéfait:
« Il est fort celui-là! Quoi le bon Henri quatre….
   « Depuis deux ans, qu'a-t-il donc fait
   « Pour qu'on vienne aujourd'hui l'abattre? »

L I V.

Sur leurs fêtes.

Sujets traîtres, sujets parjures,
Lâches et vils Républicains,
Hommes gangrenés de souillures,
Monstres, dont les sanglantes mains
Au pillage sont toujours prêtes,
Chargés d'un luxe scélérat,
Vous donnez d'impudentes fêtes
Sur le squelette de l'Etat.

L V.

Exécutions sans fin.

La France, chaque jour, tristement dépeuplée
N'est plus qu'une forêt mise en coupe réglée.

L V I.

L'épitaphe desirée.

Epitaphe plus magnifique
Et moins lugubre ne sera
que celle où le Français lira :
DES TRIUMVIRS CI-GIT LA RÉPUBLIQUE.

LVII.

Sur la grosse statue de la LIBERTÉ *qu'on remettoit en couleur de bronze.*

O vous qui de la LIBERTÉ
Faites barbouiller la figure,
Donnez-nous la réalité,
Nous vous quittons de la peinture.

LVIII.
L'ANNÉE SANS ÉTÉ.

Dans tes secrets si j'ose entrer, ô Providence !
En supprimant l'été, dis-moi, quel est ton but ?
  De la trop malheureuse France
  Tu fais, pour l'instant, le salut ;
Ton soleil tempéré de la peste assasine
Ecarte, j'en conviens, les rapides poisons ;
Mais les feux mûrissans qui manquent aux moissons
Ne vont-ils pas encor prolonger la famine ?

LIX.

Chaque jour mendier une livre de pain !
Pour mes deux jours qu'au moins les deux livres j'obtienne.
— Que dit le citoyen ? ses deux jours ! qu'il y vienne ;
Ses deux jours ! s'il allait mourir le lendemain.

L X.

Chandelle, huile, bougie, adieu; lumière aucune.
Pour voir à me coucher, je n'ai plus que la lune.

L X I.

Ils vous suivront de près, vos juges forcenés,
Et les Guillotinans seront guillotinés. (1)

L X I I.

A l'occasion d'un portrait horrible de MIRABEAU, *imprimé sous le nom d'une femme. — C'en est une qui parle.*

A ton portrait de *Mirabeau* (2)
Pour femme je te désavoue,
Ce n'est point-là notre pinceau,
Ta couleur n'est que de la boue.
Sur le plus joli damoiseau,
Vas, ce prétendu *monstre* aurait eu la victoire ;
Avec un tel génie un homme est toujours beau.
Je lui cédai, je m'en fais gloire ;

---

(1) Prédiction qui s'est accomplie.
(2) Ils le redoutaient, ils l'ont empoisonné, et lui ont fait ensuite les obsèques les plus fastueuses.

On outre ses défauts, mais je veux bien y croire,
Quoiqu'à la médisance il ait pu donner lieu,
La France et les Amours vengeront sa mémoire :
Au lit c'était *un Diable*, à la tribune *un Dieu*.

LXIII.

La *Liberté*, sans doute est une belle chose,
Mais faut-il que toujours le sang humain l'arrose !
Celui du criminel doit seul être versé ;
Et plus d'un innocent..... mon cœur en est percé.
Ivresse trop constante ! Ah ! fut-elle assouvie,
Elle empoisonnera le reste de ma vie.
Liberté, paraîs donc dans ta pure splendeur !
De ton pied triomphant écrase la *Licence*.
Toi, *Justice*, succède à l'atroce *Fureur*,
Qui frappe également le *Crime* et l'*Innocence*.

LXIV.

Les Affiches.

Qu'affiche-t-on par tout ? mainte frivolité,
Puis, des *arrêts de mort*, et le *bal* à côté.

L X V.

Les Colporteurs.

Oyez les colporteurs de cette république :
Grand discours ! *grand* rapport ! *grand* décret ! *grand* récit !
Grand débat !... De nos jours à tout le *grand* s'applique,
Et ce qu'on nomme *grand* me paraît bien *petit*.

L X V I.

Contre les nouveaux Parvenus.

Vive, pour les fripons, l'état républicain !
Mon logis est étroit ; ils habitent un louvre :
Ils regorgent de tout ; à peine ai-je du pain :
Bien frais sont leurs habits ; de lambeaux je me couvre :
Mais une vie infâme est pire que la mort,
Et l'honneur me défend de souhaiter leur sort.

L X V I I.

Sur l'établissement d'un Comité de Bienfaisance.

Après avoir réduit la France
A la dernière extrémité,
Opulens de sa pauvreté,
Ils font (nouveau trait d'impudence !),

Avec un faux air de bonté,
Circuler la vaine assistance
D'une mesquine *charité*
Sous le beau nom de *bienfaisance*.

LXVIII.

Sur la suppression de mon Emploi aux Fourages militaires.

Honneur au patriote ! affront à l'égoïste !
L'intérêt général est ce que l'on doit voir.
Toujours, quoi qu'il m'arrive, et sans être plus triste,
   Je pratiquerai ce devoir.

En affaires, montrant une tête un peu dure,
Et forcé toutefois de m'offrir pour commis,
   Je fus, par bienveillance pure,
   Je fus aux *Fourages* admis.
   Ce n'était point à la bourrique
   A partager, en bonne foi,
   L'avoine de la République.
N'en a-t-on pas privé plus utile que moi ?
Pour économiser, on nous réduit sans doute ;
  Se chagriner ne servirait de rien,
   Résignons-nous, coûte qui coûte :
Heureux si notre mal opère quelque bien.
J'aurais peut-être encor mon emploi dans ces vivres,
Si j'avais une femme et sur-tout des enfans.
Il allait se monter, par mois, à mille livres
(En assignats), on sait que c'est, au plus, six francs.

Or, de six francs, au plus, dans l'extrême misère,
Par mois, que m'aurait fait le gain ?
Tu souffres seul, du moins, pauvre célibataire,
Fixe donc sans frayeur l'instant, pour toi prochain,
Qui de toute peine délivre :
Mourir est devenu plus facile que vivre.....
O mon pays, sois libre, opulent, glorieux !
« C'est ainsi qu'en partant je *te* fais mes adieux. »

LXIX.

L'histoire de nos jours paraîtra mensongère,
Tant vers l'excès du mal les esprits sont tournés.
La *chandelle* était rare ; on proposa d'en faire
De graisse.... de *Guillotinés*.
Suis-je avec des *Français ?* Non, avec des *Barbares*,
Des *Cannibales*, des *Tartares*.

LXX.

Assignats présentés sont vus avec dédain ;
Et d'un roi qui n'est plus, montrez-vous la figure
Empreinte sur l'argent, sur l'or ou sur l'airain,
Tout ce que vous voulez, vîte, on vous le procure.

LXXI.

A Charlotte CORDAY.

Tu nous as délivrés du plus vil scélérat,
Femme, dont le courage est digne de mémoire;
La mort, qu'on te prépare, était due à *Marat*,
Mais elle eût fait sa honte; elle fera ta gloire.

LXXII.

Pour le portrait de la même.

Sa noble fermeté, son génie et ses traits,
Calomniés en vain, ne périront jamais.
Fortis, at infelix et plusquam fœmina, Virgo.

LXXIII.

Sur l'embaumement de la charogne de MARAT.

Embaumer ce cadavre, excrément de Nature,
Grands Dieux! c'est un larcin que l'on fait au corbeau:
Le monstre! il mérita d'en être la pâture,
Ou bien il lui fallait un égout (1) pour tombeau.

---

(1) L'égout par la suite ne lui a pas échappé.

LXXIV.

MARAT *installé au* **PANTHÉON** *et* **MIRABEAU** *lui cédant sa place.*

MARAT au *Panthéon*! Il faut vîte partir :
La honte est d'y rester ; l'honneur est d'en sortir.

LXXV.

J. J. **ROUSSEAU**, *à ce même Panthéon.*

Pour achever ses jours en paix, loin de la ville,
    ROUSSEAU choisit Erménonville ;
Là, dans sa tombe encore il était révéré :
Au Panthéon, eh quoi ! le voilé transféré !
La vertu, le génie ont fixé sa mémoire ;
    Peut-il être plus honoré ?
A lui seul appartient tout l'éclat de sa gloire,
Et, seul, il était mieux qu'aussi mal entouré.

LXXVI.

MARAT *Dé-Panthéonisé.*

Il n'est que passager le triomphe du crime :
Juste indignation ! opprobre légitime !

Il souillait trop nos yeux ; le voilà terrassé.
Ce farouche *Marat*, au regard sanguinaire,
Multiplié par-tout, de par-tout est chassé :
De nos jours, qu'un grand homme est difficile à faire!

LXXVII.

Sur la résignation des Condamnés.

L'éclair passe moins vite ; eux à plaindre ! c'est nous :
Ils meurent plus gaiment que nous ne vivons tous.

LXXVIII.

Deux traits de sang-froid.

Un des martyrs de l'Injustice,
Fort de sa conscience, allait à son supplice;
De la sérénité conservant tous les traits.
Un lâche sans-culotte, en lui faisant la mine,
  Lui criait : *à la Guillotine!*
Ne t'égosille pas, lui répond-il, *j'y vais.*

  Un autre, tout près du terme,
  Sur l'échafaud, d'un œil ferme
  Examine froidement
  Le meurtrier instrument,

Puis, sans nulle résistance,
Sans plus se déconcerter,
Dit, avec insouciance :
« *Ils ne savent qu'inventer.* »

LXXIX.

Le Gascon Républicain.

En face de la Nation,
Traduit au tribunal révolutionnaire
Pour crime d'émigration,
Un Gascon finement sut se tirer d'affaire.
« Oui, j'émigrai, dit-il, et je m'en fais honnur,
Cette odieuse Monarchie,
Quand on la décréta, mé fit, la rage au cur
Et les larmes aux yeux, déserter ma Patrie ;
Mais solidement établie
La République enfin, qué je désirais fort
Dans la France désavilie
M'a fait rentrer avec transport.
Eh ! donc, juges ! craignez en prononçant ma mort
De vous couvrir à jamais d'infamie. »

Le tribunal s'étant bien consulté,
L'adroit Gascon fut *acquitté* (1).

---

(1) Plaisanterie. Ces gens-là *acquittaient* rarement.

LXXX.

PORTRAIT.

Leur seule fortune les touche ;
Ils ont, ces charlatans d'honneur,
Toutes les vertus à la bouche,
Et tous les vices dans le cœur.

LXXXI.

Sur cette ridicule INSCRIPTION *de nos églises* : Le Peuple français reconnaît l'Être-Suprême et l'Imortalité de l'Ame.

Avec grand appareil ils ont proclamé DIEU
  Sous le titre d'ÊTRE-SUPRÊME ;
Et ces inconséquens protègent en tout lieu
  L'*Assassinat* et le *Blasphême*.

  Ils ont à la fois décrété,
Eux, dont au présent seul s'attache la fortune,
  DE L'AME L'IMMORTALITÉ :
Les monstres ! parler d'*Ame* ! est-ce qu'ils en ont une ?

LXXXII.

Usurpateurs obscurs des plus augustes rangs,
Sous qui tremble et gémit la France renversée,
Tremblez à votre tour, audacieux tyrans!
Qu'enchaînez-vous? des corps; mais libre est la pensée.
Je marquerai vos fronts d'une éternelle horreur.
Bourreaux de votre roi, vous abattez sa tête,
Et cet assassinat, vous l'érigez en fête!
Vainement vous semez les poisons de l'erreur,
Vous n'empêcherez pas la vérité de luire.
Religion, Nature et leur divin Auteur,
Vous attaquerez tout, sans pouvoir rien détruire.
Ennemi des complots, je suis loin de vous nuire,
D'un cœur franc de remords j'aime à goûter la paix,
Et, fier de partager la publique indigence,
Je sens que c'est au ciel à punir vos forfaits :
La terre n'aurait point d'assez forte vengeance.

LXXXIII.

Qu'un homme né sensible est à plaindre aujourd'hui !
Le plus dur de ses maux, le plus insupportable,
Se voyant dénué de ressource et d'appui,
Est de ne pouvoir pas secourir son semblable.

LXXXIV.

Je produis au dehors tout ce que j'ai dans l'ame ;
On ne m'a point donné la liberté pour rien.
Au lieu de *Citoyenne*, au lieu de *Citoyen*
  Je dis *Monsieur*, je dis *Madame*.
Mais *République*, ou *non*, que par de sages lois
La *France* en *paix* fleurisse, et qu'elle *s'y* maintienne,
Oh! pour lors, satisfait, jouissant de mes droits,
Je dirai volontiers : *Citoyen*, *Citoyenne*.

N. B. Tout le monde connait ce vers d'un grand sens.

« Appellez-vous *Messieurs*, mais soyez *Citoyens*. »

LXXXV.

Accès de mélancolie.

Sans vendre on ne vit plus, c'est notre état funeste.
Légers sont mes effets, tout va bientôt partir.
O Mort! ne tarde pas si tu veux qu'il me reste
  Un vieux drap pour m'ensevelir.

LXXXVI.

MON ÉPITAPHE,

Faite dans un violent accès de fièvre.

Aux maux de ma Patrie à la fin je succombe,
Quels hommes je voyais !... Je ne vais plus les voir...
Faisons notre Épitaphe, et qu'à défaut de tombe
S'en charge un des Journaux du Matin ou du Soir.

Ci-gît qui, de son choix s'il eût été le maître,
Parmi les animaux aurait préféré naître.

LXXXVII.

L'antique honneur français faisait mon espérance,
Et dans cet honneur-là j'eus trop de confiance.

O vous, qui d'*Assignats* m'avez embarrassé,
  Que votre équité m'en délivre ;
  Je suis trés-désintéressé :
  Me suffira le sou pour livre.
— Je le crois, me dit-on, mais vous ne l'aurez pas.
— Eh bien, j'encadrerai ces diables d'*Assignats*
  Qui me mettent plus mal à l'aise
  Que du tems de la *Royauté*,
Et j'écrirai dessous : INSIGNE LOYAUTÉ
  DE LA RÉPUBLIQUE FRANÇAISE.

LXXXVIII.

Le Repas d'un GÉNÉRAL.

Le démon de la faim, quand on en est tenté,
    Tire parti d'un instant de faiblesse
Et renverse aisément la plus ferme sagesse :
    Qu'êtes-vous devenue, ô ma sobriété !

    Chez un suivant de Mars, Allemand d'origine,
Rencontrant un ami, par lui je suis mené ;
      On nous fait la meilleure mine ;
Vaste et belle maison, tout est examiné :
Salons, appartemens, boudoir, jardin, cuisine
      Où se préparait le dîné ;
Cave amplement fournie et, contre la famine,
Au grenier (quel coup-d'œil !) douze sacs de farine.
Bon ! je remporterai, me dis-je, pour demain
      Mon malheureux morceau de pain.
Je ne le tirai point, en effet, de ma poche
      Lorsque j'en vis abondamment
      Qui me semblait de la brioche....
Il est tard, l'appétit s'aiguisait fortement ;
On sert, nous sommes sept, on mange avidement.
Point de femme, et tant pis, car une femme arrête
Par un propos flatteur, un maintien séduisant ;
Près d'elle on cherche à plaire, on devient complaisant,
Et, si le cœur se perd, on garde au moins la tête.

Huitres pour commencer; potage au vermicel;
Raves, fin beurre, anchois, et chapon au gros sel;
　　Porc frais, levraut, poularde, raie,
Omelette... Que sais-je?... entremets et dessert;
Et les vins de couler; on s'anime, on s'égaie.
　　— « Votre secret, Monsieur, est découvert,
« Certains *contes*... Allons, *un conte*, je vous prie !
« Buvez, auparavant. » — J'en récite plusieurs;
　　Dans le plaisir il est peu de censeurs,
　Tout passe à table, on les goûte, on s'écrie :
« *Bravo !*... Mais buvez donc ! Le cher *Piron* buvait,
« Et vous ordonnerait de boire, s'il vivait.
« Bacchus du dieu des vers n'est-il pas camarade ? »
Flacon en l'air se penche, et nouvelle rasade.
　　— Hola ! *Monsieur le Général*,
　　(Ainsi chacun notre Amphitrion nomme)
Hola ! — « Mes vins sont francs, ils ne font point de mal,
　　« Qui refuse n'est pas mon homme;
» Vous boirez. » Il redouble, il me verse à pleins bords
　　Du *marasquin* et du *noyau* de même.
Je veux lui résister, inutiles efforts;
Et ce que font les six, je le fais, moi septième,
Je bois, nous buvons tous. J'attendais le café,
Quand de n'en point offrir s'excuse l'aimable hôte.
Quelle excuse, grands Dieux ! j'en fus presqu'étouffé ;
　　Imprudemment j'avais commis la faute

De trop boire et de trop manger,
Faute irréparable ! que faire ?
Au défaut du *Moka*, prompte à me soulager,
D'un *Thé* bien odorant la feuille salutaire
D'une indigestion me sauva le danger.

Mon seul regret, ma peine unique
Fut d'avoir, en ce tems de disette publique,
Consommé dans un soir, lecteur, comme tu vois,
Ce dont tout un ménage eût vécu plus d'un mois.

LXXXIX.

MA VIE ACTUELLE.

Revenu suffisant, extérieur honnête,
Douce amitié (du cœur nécessaire aliment),
Et l'Amour même encor, m'appelant à sa fête,
De ma vie autrefois faisaient l'enchantement.

Frustré de tout, *républicainement*,
Aujourd'hui, je ne sais où donner de la tête ;
Pour trouver un écu, c'est le diable, vraiment.
En vain je me consulte, à rien je ne m'arrête :
    Je passe, alternativement,
    De l'action à l'indolence ;
    Du chagrin au contentement ;
    De la disette à l'abondance ; (1)

---

(1) Comme au repas précédent.

J'ai plus de mauvais jours toutefois que de bons....
Enfin, je ne vis plus que par sauts et par bonds.

X C.

LES MERVEILLES DE LA RÉVOLUTION.

En république, ah ! que chacun est bien !
Trop long-tems sous ses rois que fut la pauvre France ?
Elle est tout, elle n'était rien.
Mes amis, quel repos ! Mes *frères*, quelle aisance !
O l'heureux changement ! Qui n'en est enchanté ?
Enfin, on nous a fait renaître.
Plus de fers, plus de rangs; grace à l'*égalité*,
Aujourd'hui le valet est autant que le maître....
Le valet ! exprimons-nous mieux :
Le *valet* d'autrefois est *un officieux*.

Rien de tout ce qui fut n'existe,
Il n'est plus d'ouvrier, l'*ouvrier* est *artiste ;*
La *grande* Nation ne veut rien que de *grand*.
Je pense qu'il faudra supprimer la police :
Quelle probité ! pas un vice ;
Vous prêtez sans billet, sans contrainte on vous rend.
Pour de meilleures lois on a laissé le code :
Qu'ils étaient sots, nos bons ayeux !
Garder la même femme était fastidieux :
On a mis, sensément, le divorce à la mode.

Jadis s'occupait-on du destin des enfans ?
  Au lieu des *collèges* frivoles
  De toute espèce que d'*écoles !*
  A l'*Etat* plus qu'à ses *parens*,
Il est juste, je crois, qu'*un enfant* appartienne ;
Qu'il l'instruise à son gré, le forme, le contienne,
  La liberté, du moins, l'ordonne ainsi.
   Au reste, c'est pour la *famille*
   Moins d'embarras, moins de souci ;
Il est vrai que souvent on *déporte*, on *fusille* . . . . .
Eh bien ! restez chez vous, quand vous y seriez mal.
N'a-t-on pas ses raisons pour se montrer sévère ?
   Renoncez à faire un Journal
Ou, dans le sens prescrit, apprenez à le faire.
   Ne passez qu'à pied la barrière,
Dès que l'on vous contraint de payer à cheval.

   Phœnix de la démocratie,
  Allez, me dit-on, l'œil en feu,
  Allez à la Trésorerie :
  Point d'argent, ou si peu, si peu ! . . . .
Par ce défaut d'argent l'avarice est guérie,
La gourmandise encore et la fureur du jeu.
   Au théâtre le goût s'épure ;
   Racine valait-il *Chénier ?*
   Molière a vieilli, vous le jure,
Plus d'un nouveau *faiseur*, gai comme l'est *Mercier*.

Ordre et décence dans les *fêtes*;
Les *Citoyens* sont fort *polis*,
Les *Citoyennes* fort *honnêtes*,
Et c'est *par-tout* comme à *Paris*.

XCI.

BOUTS-RIMÉS.

Je quitterais *Paris* pour habiter un .... *trou*;
Je cours, sans aucun fruit, de boutique en.. *boutique*
Je ne demande rien qui ne soit d'un prix ...... *fou*,
Et m'en reviens pestant contre leur ré...... *publique*.

XCII.

AUTRES.

Au foyer, s'il fait froid, pas une seule .... *bûche*;
A table, pain très-court; dans le verre, de l'.. *eau*
Et de la tête aux pieds l'air d'un pauvre qui .... *truche*;
Du Français aujourd'hui tel est l'affreux...... *tableau*.

XCIII.

DE PAR LE PEUPLE.

Devenu libre et souverain,
En ces deux qualités, j'ordonne
Que de la chandelle on me donne,
Du bois, de la viande et du pain.

XCIV.

Par une faveur singulière,
Ainsi que l'*immortalité*,
Grace au dictateur ROBESPIERRE
L'*Être-Suprême* est décrété,
Et, branchage à la main, le beau jour de sa fête,
(Jamais ouit-on rien de tel?)
Un moderne Stentor nous a rompu la tête
De ce cri; *Vive l'Éternel!*

XCV.

Du même jour.

La belle fête, ma Lolotte!
D'être satisfaits nous ons lieu,
Dit à sa femme un sans-culotte:
Pour l'*Éternel* prions ben *Dieu*.

XCVI.

Emportement honorable d'un Fort de la halle.

J'abîmerais, moi seul, ce tas de Jacobins:
 Les sacrés b..gres de mâtins!
 Du diable ça vous a la tête!
Mais ces gueux-là, grossiers, sales comme torchon,
 Ne feront point du *Français* un cochon;
Le *Français* est, morbleu, f..tu pour être honnête.

C

XCVII.

Aux aimables Débauchés.

Contre votre ordinaire usage,
Sectateurs du riant Comus,
Maintenant il faut être sage !
Adieu Cérès, adieu Bacchus ;
Plus de cellier, plus de cuisine ;
Adieu, dans ce tems de famine,
Tout ce qui vous est le plus cher ;
Adieu de vos belles maitresses
Ces pleins tetons, ces rondes fesses.....
Adieu la douce *œuvre de chair*.

XCVIII.

Mot du Maréchal de Richelieu.

Les nobles, tant vexés par de vils misérables,
    Sots prêcheurs de l'égalité,
Avaient au moins pour eux ces formes agréables,
    Doux nœuds de la société.
    Richelieu va prouver la chose.
— Louer un *ci-devant !* vous l'osez ! — Oui, je l'ose.
Or donc chez Richelieu vint un jeune éventé ;
    De la cheminée il s'approche :
Deux montres excitaient sa curiosité ;
    Etourdiment il les décroche ;

Elles vacillent dans sa main,
Il veut les retenir, mais il le veut en vain ;
Les voilà toutes deux sur le parquet. Il tremble,
Ne sait comment s'excuser, perd la voix.
— « Eh ! (dit le Maréchal) c'est la première fois
     » Que je les vois aller ensemble. »

XCIX.

A un Secrétaire du Roi, consterné de n'être plus noble.

Eh! pourquoi donc te chagriner ?
En plaintes pourquoi te répandre ?
Celui qui se fit *savonner*
A se voir *raser* dut s'attendre (1).

C.

Et de sottises et de crimes
C'est trop charger nos tristes rimes.
On ne redresse point des esprits de travers ;
Arrêtons-nous. Est-il possible
D'inspirer à des cœurs d'un triple airain couverts
Quelque chose de doux, d'humain et de sensible ?
Tout ce que nous voyons fait horreur ou pitié.
Ne portons nos regards que sur ce qui peut plaire ;
MUSE, créons ensemble un *monde imaginaire*,
Et que l'AMOUR y règne, ainsi que l'AMITIÉ !

---

(1) Tout le monde sait que cette sorte de noblesse se nommait *Savonnette à vilain*.

CI.

MON DÉPART POUR LA CAMPAGNE.

Qui voudra vous fasse la cour;
Sans regret, comme sans reproche,
Adieu vous dis, hommes du jour.
En vieux sous, j'ai de quoi payer ma place au coche,
Adieu. Je vais *aux champs* vivre avec le *Dindon*,
La *poule*, ses *petits*, la *vache* et le *cochon*,
Que je soutiens, sans ironie,
Etre la *bonne compagnie*.
Du *vôtre* je n'emporte rien,
Qu'un *passeport*, de peur qu'en route on ne m'arrête;
Une fois arrivé, plus d'incommode enquête:
Pour le coup je suis *libre !* Or donc de *Citoyen*
Je vous rends ma servile *Carte ;*
Un assez gros paquet de divers *Assignats*,
Valables, on le sait, autant que vos *Mandats*.
Chacun me les refuse, il faut bien que je parte:
Votre *pain*, reprenez-le; on en cuit de très-beau
Où je vais; et le *vin* coûte moins qu'ici l'*eau*.
Que DIEU (L'ÊTRE-SUPRÊME, autrement dit) bénisse
VOS GRANDEURS, sous leurs pas ferme tout précipice;
Et qu'il m'accorde à moi, pauvre diable, la paix,
Dont *Paris*, de long-tems, n'aura la jouissance;
Le nécessaire oubli d'incroyables forfaits;
Pour tout *spectacle*, enfin, celui de l'Innocence !

EST VENU LE NEUF THERMIDOR,

QUI M'A FAIT REPRENDRE LA PLUME.

CII.

Aux Triumvirs et à leurs Complices.

Vos masques sont tombés, hypocrites barbares,
Qui n'aviez qu'un talent, qu'un honneur d'apparat.
L'enfer vous redemande : allez-y, monstres rares ;
Et périsse avec vous le dernier scélérat !

CIII.

LES JACOBINS ANÉANTIS.

Détruire et massacrer était leur seul dessein ;
Il ne serait resté, dans toute la Nature,
Au malheureux, soustrait à leur fer assassin,
Que *le sang* pour *boisson*, que *l'herbe* pour *pâture*.

CIV.

LA MÈRE RENDUE A SA FILLE;

ROMANCE,

Mise en musique par M......, fils.

O ma mère, enfin je t'embrasse !
Je te serre contre mon cœur !
D'un long désespoir nulle trace,
Je ne sens plus que mon bonheur.

Dans la douleur la plus amère
Que de jours et de nuits passés !
Mais, ma mère, ma tendre mère,
Tes maux, les miens sont effacés.

Livrée à son inquiétude,
Déplorant ta captivité,
A la fille rien n'était rude
Comme sa propre liberté.

Tu connois la tendresse vive
Qui toujours me porte vers toi ;
On la forçait d'être inactive,
Je vivais.... pour mourir d'effroi.

(55)

Ah! le ciel se montre équitable!
Les tyrans! ils sont abattus;
Ils t'avaient traitée en coupable,
Toi, le modèle des vertus.

O ma mère, enfin je t'embrasse!
Je te serre contre mon cœur!
D'un long désespoir nulle trace;
Je ne sens plus que mon bonheur.

C V.

NVOCATION A LA PAIX.

ÉPILOGUE.

nos cœurs oppressés, toi, l'unique espérance,
Paix, ô douce Paix, viens donc sauver la France!

Nature, humanité, ne sont-ce que des mots?
1and triompheront-ils? Les arts, ils dépérissent;
1e, ranimés par toi, plus brillans, ils fleurissent:
1arge le Tems du soin de réparer nos maux.
De nos cœurs oppressés, etc.

L'impitoyable Mars a trop, de rang en rang,
1udroyé de mortels, et ravagé la terre;
1ends le bronze muet, qu'il ne soit plus de guerre;
1r tout le globe entier a coulé trop de sang.
De nos cœurs oppressés, etc.

Chasse loin de nos murs la discorde, l'effroi;
Ramène au sein des Jeux les Grâces fugitives;
Epure enfin la Seine et décore ses rives:
Il n'est de vrai plaisir, de bonheur qu'avec toi.

De nos cœurs oppressés, toi, l'unique espérance,
O Paix, ô douce Paix, viens donc sauver la France !

www.ingramcontent.com/pod-product-compliance
Lightning Source LLC
LaVergne TN
LVHW020047090426
835510LV00040B/1446